ວົງຈອນຂອງນ້ຳ

ຂຽນໂດຍ: ເຣຊາ ແຣຣ໌
ຮູບໂດຍ: ໂຈວານ ຄາວ ເຊກູຣາ

Library For All Ltd.

ນ້ຳມາຈາກໃສ?

ນ້ຳມາຈາກມະຫາສະໝຸດ.

ນ້ຳມາຈາກໃສ?

ນ້ຳເປັນອາຍຢູ່ໃນອາກາດ.

ນ້ຳມາຈາກໃສ?

ນ້ຳຢູ່ໃນກ້ອນຂີ້ເຝື້ອ.

ນ້ຳມາຈາກໃສ?

ນ້ຳມາກັບນ້ຳຝົນ.

ນ້ຳມາຈາກໃສ?

ນ້ຳມາຈາກແມ່ນ້ຳແລະ
ທະເລ.

ບ້ານມາຈາກໃສ?

ນ້ຳເປັນອາຍຢູ່ໃນອາກາດ.

ນ້ຳມາຈາກໃສ?

ນ້ຳຢູ່ໃນກ້ອນຂີ້ເຝື້ອ.

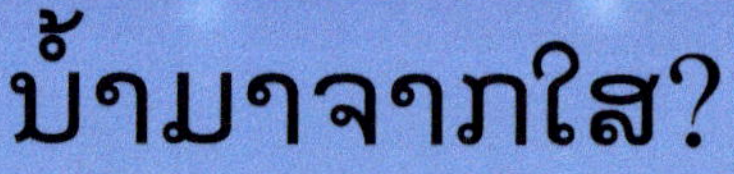

ນ້ຳມາຈາກໃສ?

ບ້າຢູ່ໃນຫິມະ ແລະ ໝາກເຫັບ.

ນ້ຳມາຈາກໃສ?

ນ້ຳມາຈາກພູເຂົານ້ຳກ້ອນ.

ນ້ຳມາຈາກໃສ?

ບ້າມາຈາກມະຫາສະໝຸດ.

ການຕົກຕະກອນ
ການສະສົມ

ການລວມຕົວ
ການລະເຫີຍອາຍ

ຂໍ້ມູນທາງບັນນາບຸກົມຂອງຫໍສະໝຸດແຫ່ງຊາດ

ເຄອາ ແຄຣິ່

ວິງຈອນຂອງບ້າ 2 / ໂດຍ ເຄອາ ແຄຣິ່. -- ວຽງຈັນ: ມັກອານ, 2020

30 ໜ້າ: ພາບປະກອບສີ; 21 ຊມ
1. ວັນນະກໍາສໍາລັບເດັກ
I. ຊື່ເລື່ອງ

808.899282 – dc21
ISBN 978-9932-09-049-5
ເລກທະບຽນພິມຈໍາໜ່າຍ: ຕາມຫບ 132 ພຈ 03022020

ທ່ານມັກປຶ້ມຫົວນີ້ບໍ່?

ທ່ານສາມາດອ່ານປຶ້ມແບບນີ້ໄດ້ເພີ່ມເຕີມ
ທີ່ຜະລິດໂດຍອົງການ Library For All

ອົງການ Library For All ຜະລິດສື່ການອ່ານ ທີ່ມີຄຸນນະພາບ
ເໝາະສົມກັບວັດທະນະທຳເພື່ອການສຶກສາ ໂດຍນຳໃຊ້ນະວັດຕະ
ກຳແຫັບພິເຄຊັ່ນທ້ອງສະໝຸດແບບອິນຸກ. ພວກເຮົາເຮັດວຽກຮ່ວມ
ກັບນັກຂຽນໃນທ້ອງຖິ່ນ, ຄູອາຈານ, ທີ່ປຶກສາດ້ານວັດທະນະທຳ,
ລັດຖະບານ ແລະ ອົງການຈັດຕັ້ງທີ່ບໍ່ຂຶ້ນກັບລັດຖະບານ
ເພື່ອມອບຄວາມສຸກຂອງການອ່ານໃຫ້ແກ່ເດັກນ້ອຍ ທຸກໆແຫ່ງ.

ມາອ່ານນຳກັບເຮາະ!
libraryforall.org